전망 2012

# 밥하는 소리

김경식 외

전망 2012

# 밥하는 소리

김경식 외



다시올

**동인지 창간에 붙여**

# 동행同行

나는 어쩌다 그대를 만났을까
어쩌다가 그대는 또 나를 만나게 되었을까
나란히 어깨 겯고 우리, 동행同行하게 되었을까?

> 하늘이 와서 쉬나니
> 강물이 어이 자리오.
>
> – 김대현 「강江」

오래고 멀지라도 언젠가는 푸른 바다를 만나리라는
벅찬 꿈을 안고 강은 쉼 없이 저의 길을 가고 있다.

바다가 문학이라면 『다시올』은 강이다.

동東에서 서西에서 흘러와
하나의 강물이 된 우리,
걸어온 길이 다르고 등에 진 삶의 무게 서로 같지 않다 해도
그 지향은 처음부터 하나였음에 틀림없다.
그렇기에 이 강에서 운명처럼 우리는 만났으리라.

깨달음을 좇아 떠난 수도승처럼 말[言語]을 찾아 나선 길.

이 길이 우리의 숙명宿命이라면
어쩌겠는가, 한 걸음 한 걸음 디뎌갈 밖에
벗어날 수 없느니
그저 묵묵히 흘러갈 밖에.

그리움으로 비틀거릴 때 서로 서로 어깨를 빌려주고
외로워서 주저앉을 때 따뜻한 손 내밀면서
머언 바다에 이를 때까지 우리,
함께 우리.

– 문학의 바다로 가는 큰 물길을 열어 주신 『다시올문학』 김영은 발행인과 기꺼이 옥고玉稿를 내어 주신 식구들께 머리를 숙입니다. –

2012. 12. 1.
김경식

▪차례

# 밥하는 소리

▪ 인사말

## 다시올

**김동호**_ 牛公의 귀향 _ 10
**고창수**_ 여행 _ 11
**배인환**_ 빈디bindi _ 12
**황경식**_ 詩의 파편 _ 13
**박승미**_ 달콤한 노동 _ 14
**김두환**_ 연꽃 _ 15
**김기산**_ 바람의 흔적 _ 16
**이태운**_ 동화사 단상 _ 17
**이영식**_ 다시올레길 _ 18
**김영은**_ 그녀의 本色 _ 20
**김경곤**_ 방귀증후군 _ 21
**고경숙**_ 새 신을 신고 _ 22
**권미자**_ 밥하는 소리 _ 23
**마경덕**_ 가위를 주세요 _ 26
**온형근**_ 그 빨간 눈동자 _ 27
**김성수**_ 불안한 온기 _ 28
**신현복**_ 순환선 _ 30
**최을원**_ 식탁 위의 역사 _ 32
**윤준경**_ 뉴타운장례식장 사장님이 사는 법 _ 34
**안갑선**_ 보리밭 연가 _ 36
**마상열**_ 목가 예찬 _ 37
**문춘식**_ 해녀 _ 38
**나석중**_ 화살나무 _ 39
**공태명**_ 울음의 바다 _ 40
**최명심**_ 올해도 분꽃이 피었다 _ 41
**송연주**_ 엄마는 부재중 _ 42

## 전망동인

**우애자**_ 은빛 멸치 외 2편 _ 46
**최창순**_ 높은 분들의 식사법 외 2편 _ 49
**박수걸**_ 이력화 외 2편 _ 53
**오영록**_ 산방産房 외 2편 _ 56
**서영용**_ 뱅크런이론 외 2편 _ 60
**문희봉**_ 그리운 당신 외 2편 _ 65
**김선자**_ 등잔불 외 2편 _ 69
**예시원**_ 머언 훗날 외 2편 _ 72
**최혜영**_ 어머니의 놋촛대 외 2편 _ 75
**김설진**_ 검은 가방 외 2편 _ 79
**유 근**_ 무당 강씨 외 2편 _ 82
**박순정**_ 거울 속의 봄 외 2편 _ 85
**김석신**_ 시는 소리다 외 2편 _ 90
**정지용**_ 가을, 같은 날 외 2편 _ 94
**추다영**_ 神秘의 조약돌 외 2편 _ 97
**유희봉**_ 계란의 반란 외 2편 _ 100
**조영환**_ 세월의 집 외 2편 _ 104
**박동남**_ 세옹지마塞翁之馬 외 2편 _ 108
**이사랑**_ 자연책 외 2편 _ 113
**나유성**_ 환생 외 2편 _ 116
**우옥자**_ 오늘은 雪原 외 2편 _ 120
**김경식**_ 경계境界 외 2편 _ 124
**정미경**_ 섬 외 2편 _ 128
**이인수**_ 수석壽石 외 2편 _ 133

# 다시올

김동호 고창수 배인환
황경식 박승미 김두환
김기산 이태운 이영식
김영은 김경곤 고경숙
권미자 마경덕 온형근
김성수 신현복 최을원
윤준경 안갑선 마상열
문춘식 나석중 공태명
최명심 송연주

# 牛公의 귀향

김 동 호

뒤통수에
번쩍 – 번개가 일었다

刑場이 이슬로 바뀌며
저 세상 문이 확 – 열렸다

"어서오너라"
어머니 소리가 들렸다

"엄매"– 늙은 소가
어린아이처럼 운다.

김 동 호
충북괴산 출생. 성균관대 영문과 졸업. 1975년 《현대시학》 등단. 성균관대 명예교수, 다시올문학편집고문. 시집 『詩山일기』, 『배꼽음반』 외 12권.
kimdongho66@hanmail.net

# 여행

**고 창 수**

여행이란 늘 외부에서 일어난다고 우리는 생각한다.
시공의 특정한 곳을 향해 가는 것이라고 생각한다.
여행이란 공중에 원을 그리며 나는 새들이나
단숨에 땅을 몇 십리씩 삼켜버리는
비행기의 그림자처럼
앞으로 나아가는 것이라고 생각한다.
선인장 사이 마른 샘터에서 목 축이려고
괴롭게 괴롭게 앞으로 나아가는
썩어가는 뱀의 그런 전진은 보지 못한다.
여행은 종종 내부에서 일어나는 것,
우리의 궁극적 여행은
우리 내부의 공간 밑바닥을 향해 가는 것.
우리의 말이 그 궁극적 무의미 속으로 가고
백조가 그 마지막 황홀 속에 부리를 묻듯.

**고 창 수**

1966년 《시문학》 등단. 시문학상, 시인들이 뽑는 시인상 수상. 번역문학상(코리아타임즈 및 국제펜클럽 한국본부). 파키스탄 대사역임. 《다시올문학》 편집고문. 시집 『파편줍는 노래』 외 5권. kochangsoo@hanmail.net

# 빈디bindi

**배 인 환**

현대 인도 미술전엘 갔다.
'빈디' 라는 말을 처음 들었다.
인도어란다.

두 눈 사이에 붙이는 물방울 모양의 동그란 장식
하필이면 왜 두 눈 사이에 붙이나

결혼한 여성의 상징.
결혼한 여성은 처녀보다는
더 깊게, 더 자세히 볼 수 있단다.
마음이 썩어서일까

스물일곱 명 화가들의 출품작 백십 점.
그들은 눈과 눈 사이에 빈디를 붙이고 있었다.

시력이 나빠지는 나도
빈디를 붙여볼까
우스꽝스럽긴 하겠지만.

**배 인 환**

《현대시학》 등단. 저서 김구용평전 『완화초당의 그리움』. 시집 『외눈 안경알』 『가장밝은 시간』 외 4권. 영역 시선집 『Poems of In-Hwan Bae』.수필집 『아버지의 원두막과 어머니의 유품』 외 2권. 성균관문학상수상, 다시올문학 편집고문. ihb11@hanmail.net

# 詩의 파편

황 경 식

미쳐 날뛰는 멧돼지를 피하듯

시를 버리기로 했다

밤과 낮, 텃밭이며 들판
모두 엉망이 되었다
울타리를 치고 꽹과리를 울려도
금 가는 마음 지킬 수 없었다
골목길도 위험했다
언제 어디서 닥치는지
꿈속까지 난도질당했다

사방이 詩의 파편이었다

**황 경 식**
1994년 《현대시학》 등단. 시집 『실은, 누드가 된 유리컵』. 《다시올문학》 편집고문. hks99a@naver.com

# 달콤한 노동

**박 승 미**

어머니!
그 이름에선
달콤한 노동의 냄새가

텃밭에서 푸성귀 한 광주리 이고 와,
시퍼렇게 밥상 차려
내 몸에 토실토실 살이 지면
찝찔한 치마폭 풀어
팔 베게에 뉘어 놓고 어르시다가
어느새 단잠이 드셨는지
그 얼굴에 달콤한 노동의 그림자가

어머니! 하고 불러보면
어떤 아픔도 치유되느니

내 어머닌 노동을 달콤하게 즐기셨다.

**박 승 미**

1987년 《현대시학》 등단. 제3회 문학과 창작 작품상 수상. 시집 『너는 모과다』 『완전한 포옹』 『마음 심』 외 1권. 《다시올문학》 편집고문
mogoa3@hanmail.net

# 연꽃

김 두 환

안택굿 벌여 쫓아냈으므로
영*만 뭉근히 돌면서 돋우는
참 마땅한 안가安家

세상에 거머리들 달라붙어 한통
거머지도록 꼬드기건만, 생먹은 채
아랑곳하지 않고 본디 지키며
홀로 청청淸淸한 무아無我 그 극기

어느 설법說法도 눈길 마주치자
한참 되질하다가 되레 번드쳤는지
먼저 조아리며 깊이 다짐하며
스스로를 조심조심 뜯이하는데야

화타化他 힘
한량없이 어질어라

* 영(명)- 잘 꾸며진 집 안이나 방에서 느끼는 맑고 산뜻한 기운.

**김 두 환**

《조선문학》 등단. 《다시올문학》 편집고문. 한글문화연구회 이사. 시집 『가을비 박람회』 『속소리는 더 절절하여』 외 7권. 제2회 영랑문학상수상

# 바람의 흔적

**김 기 산**

그의 그림에는 사람들이 없다

바람, 중산간들녘, 억세오름
거칠 것 없이 찾아다닌 허기
어떤 그리움이었을까

시간대 별로 참아낸 기다림
금세 사라지는 채광의 순간들
미세한 바람에도 요동쳐 갔다

그의 렌즈로 빨려 든 제주
영원한 안식이라더니
성산읍 삼달리 허름한 초등학교 자리에
그는 짧은 생을 다 내려놓았다

고요와 적막의 순례 길을

김 기 산

월간 《문예사조》 등단. 서울 서문여중 교장 역임. 도서출판 한터 대표, 《다시올문학》 감사 시집 『노을을 베끼다』. kh4263@hanmail.net

# 동화사 단상

**이 태 운**

푸른빛 독경讀經소리 어우러진 절터에
산 고아 물이고아 북소리 절로고아
홀로이 무소의 뿔처럼 때 낀 마음 씻는다

연좌蓮座에 앉으신 님 저리도 느긋한데
산사山寺의 선객善客들은 좌불안 야단법석
불보살 앉으신 자리 천오백 년 면벽 중

세상사 바쁜 것은 안內이 비어 분주할 뿐
먼발치 수타니파타의 경구 한 줌 더하면
고운님 촉수 틔우는 천수천안千手千眼 관세음

**이 태 운**

1958년 대구출생. 경북대학교 법과대학 졸업. 《다시올문학》 시조등단. 다시올문학 감사. (현)동부화재 부사장. lee0393@hanmail.net

# 다시올레길

이 영 식

북한산 끝자락
아침마다 새 이슬 빚어
영혼의 첫발자국으로 숲을 열어 주는
착한 길 숨어 있습니다
한번 스며들고 나면
또다시 올 궁리부터 찾게 되는
다시올길

알밤 숨겨놓은 다람쥐가
제 구멍 놓치고
길손에게 길을 묻는 곳
파벽돌 같은 상처도
잡목림 그늘로 서늘히 감싸주는 곳
죽은 새소리도 살려낼 듯
고요 깊습니다

등걸밭 야생화 절기절기 피어
그대 올 날 기다리노니
글쟁이, 먹쟁이, 그림쟁이여
맨몸뚱이로 오시라
다시올레길
예술혼 궁벽한 허무 위에
바람 뼈로 다리를 놓아드리겠습니다

눈엔 듯 가슴엔 듯
사랑인 듯 품고 다시 오시라

**이 영 식**

경기도 이천 출생. 2000년 《 문학사상》 등단. 시집 『공갈빵이 먹고 싶다』, 『희망온도』. lys-poem@hommail.net

# 그녀의 本色

김 영 은

밤이 대낮처럼 훤한 새벽시장 어귀랍시고, 장사꾼들의 차량이 북새통을 이룬답시고, 달이 가로등에 지워졌다 졸고 있을 시각이랍시고, 난장에 들어선 내 몸의 요의尿意를 비운답시고, 두리번두리번 어둠을 깔고 앉았는데, 젊은 여자, 젊음을 비트는 걸음으로 차 앞을 지나 주춤주춤, 본능에 충실한 율동이랍시고, 허리춤에 작은 손 올리며 나보다 먼저 주저앉는다.

물살에 출렁거리는 소리, 문득 어둠을 흔드는데, 발정 난 가로등이 그녀의 하얀 엉덩이를 까발리는데, 무시로 드나드는 바람 훌러덩 검은 곡선을 게워내는데, 생각의 곡선 풍선 같은 아랫배를 어루만지며 점점 부풀게 하는데, 어둠의 발소리 사라지자마자 나는 그녀가 그려 논 국적불명의 지도 위에 내 아랫녘을 지나온 물길을 새겨놓았다

그녀의 지도 속엔 내 그림자가 들어있다
아무도 모르게 새겨놓은 내 본색이다

김 영 은

2003년 월간 《시사문단》 등단. 윤동주문학 《서시》 총무국장 역임. 계간 《다시올문학》 발행인. 도서출판 다시올 대표. maxim3515@naver.com

# 방귀증후군

김 경 곤

매일 이백 개의 대문을 두드리는 자전거를 끌고 다니려면 양푼의 밥을 챙겨야 해
한 양푼의 밥을 뱃속에 챙겨 넣고 밥 알갱이 바퀴처럼 굴리며 갓 태어난 말들을 운반해야 해
아내는 지금 일어났을까, 피아노 사 달라고 울며 조르던 딸애의 꿈속을 빠져나온 새벽안개 뿌연 길
팽팽한 바퀴살이 발광하고 안전등이 켜지면 더욱 작아지는 몸, 알 듯 모를 듯 먼 나라 말들이 채찍을 휘두르는 안장에 올라 백두대간을 달리듯 나를 굴려야 해, 종이비행기를 접듯 일과를 날려 보낸 자전거가 담벼락에 기대어 방귀 뀌는 시간

하늘로 올라가는 계단 위로 아침 햇살 누렇게 뜨지, 너털방귀 뀌다가 황달 걸린 납자루처럼 납작해진 몸속에서
피식 바람 빠지는 아빠

김 경 곤
2003년 《농민문학상》 시부문 우수상. 연천문인협회 부회장 역임. 《다시올문학》편집인. 시산맥상 수상. 시집 『황동부전나비의 비상』.
kyungkonk@hanmail.net

# 새 신을 신고

고 경 숙

부은 발을 들이밀며 새 구두를 사는 저녁은
소복이 쌓인 발등도 부푼다
낯선 남자에게 발을 맡기며
그러므로 나는 너를 떠난 것이다
왜곡된 발 물집을 감싸쥐며
애인처럼 구는 이 남자
수없이 많은 새 구두를 신겨
얼마나 많은 여인들을 떠나보냈나
소가죽을 늘여 염색 하듯
오후 여섯 시의 바람은 도시의 등을 늘이고
기억할지 모를 계절의 계단을
또각또각 내려선다
빨간 구두코에 묻어나는
노을, 어둠, 그리고
돌아갈 곳이 있든 없든
오후 여섯 시의 너는 공기보다 가볍다
우연히 모아진 군상들이
나를 지나고
버즘 핀 플라타너스를 지나고

아, 내 구두는 사랑스런 여섯 시의 연인
부끄럼 타는 로라 팔짝 팔짝 뛰어본다
새 신을 신고

**고 경 숙**

계간 《시현실》 등단. 〈난시〉동인. 다시올문학 편집위원. 수주문학상 운영위원. 예총 기획위원. 수주문학상 우수상, 두레문학상 수상. 시집 『모텔 캘리포니아』 『달의 뒤편』. bezital@naver.com

# 밥하는 소리

권 미 자

아침밥을 짓는 딱따구리의 도마질은 법고 두들기는 소리로 시작한다
그 울림 사방팔방으로 퍼져나가 절 전체가 들썩거린다
내소사 대웅전 앞 할아버지 당산 목에 아침밥상 차리는 작은 새
법고 소리에 귀가 멍멍하겠다
잘 보이지도 않는데 누군가 손가락으로 새가 보인다하고 소리치자
법고소리 멈추고 날아올라 어둠이 덜 가신 전나무 숲쪽으로 날아간다
밥 먹다 빼앗긴 적 여러 번 있었는지
투정하듯 멀리서 다시 들려오기 시작하는 밥 먹는 소리
그 외침이 겨울 숲의 아침도 일으켜 세우는지 먼빛의 숲이 머리를 움찔거린다
작은 새 한 마리 그 울림에 허공의 잿빛 하늘이 환해진다
같이 밥을 먹는 일, 즐겁고 행복한 일이지만
법고를 귀에 대고 두드리는 일과 같은 것이라

딱따구리 그 작은 새의 귀는 천공이 있었던 것은 아닌지 모르겠다
새끼들을 키우는 일은 귀가 천공이 와도 꼭 해야 하는 저 새의 업이라
그저 아침마다 끼니나 거르지 말길 헤아려본다.

**권 미 자**

2004년 계간 《미네르바》 등단. 《다시올문학》 편집위원
minary5@naver.com

# 가위를 주세요

**마 경 덕**

이게 전부요? 이력서가 되물었다. 쓰윽, 가윗날이 스쳤다. 가방끈이 짧구먼, 입이 큰 쓰레기통이 말했다. 창밖에… 비가 오고, 빗줄기가 꽃모가지를 치고 피다만 꽃이 발에 밟혔다. 소식 끊긴 애인이 대문 앞에 기다리고 있었다. 꼭 와줄 거지? 애인이 보낸 청첩장이 이를 드러내고 웃었다.

나는 나에게 선물을 받고 싶었다. 실반지는 얼마죠? 화려한 금은방은 대꾸도 없었다. 생일선물이 나를 비웃었다. 손님, 사실 거예요? 친절한 백화점이 정중히 물었다. 나는 들고 있던 옷을 내려놓았다. 가격표가 코웃음 쳤다.

그만 일어나요. 성질 급한 미용실이 말했다. 다리를 꼬고 앉은 사모님에게 동네 미용실이 달려가 허리를 굽혔다. 애인이 결혼을 하는 그 시간, 머리카락을 털며 팁이 나를 비웃었다. 나는 오래된 애인을 싹둑 자르고 일어섰다.

**마 경 덕**

전남여수 출생. 2003년 《세계일보》 신춘문예 당선. 시집 『신발論』 『글러브 중독자』. 《다시올문학》 편집위원. gulsame@naver.com

# 그 빨간 눈동자

**온 형 근**

눈 빨간 토끼 한 마리가 걸어가고 있었어요 그 빨간 눈동자를 거울로 마주보았어요 근데 그 빨간 눈동자 속에 눈물이 맺혀 있었어요 이유도 모르겠어요 왜 젖어 있는지를 알 수  없어요 그 빨간 눈동자 안의 거울 속에서 한 풍경이 나타나네요 그 환한 우울이 내 가슴을 쓸어내리네요 그날 그 봄날 성곽 앞에서 무릎을 접으며 내게 달려들던 그 환한 꽃비가 그대로 안기네요 아팠어요 환한 우울의 꽃비로 그가 살아가는 이유를 알았네요 그래서 여전히 슬픔처럼 혼자 있을 때는 꺼내 보네요 오늘이라는 이름으로 탐했던 그 아름다운 달빛을 말입니다

그렇게 그 빨간 눈동자를 이해하려고 하네요

**온형근**

서울대학교 농업교육과 졸업. 고려대학교 조경학석사. 1997년 《오늘의 문학》 등단. 제 2회 MBC 인터넷 문화대상 수상. 무크지 《매혹》 편집주간 역임. 조경문화답사연구회 회장. 다시올문학 편집위원. 시집 『풍경의 분별』 『화전』 외 4권. namuboss@empas.com

# 불안한 온기

김 성 수

몸이 장작이다 거기다 알코올을 부어 불을 지핀다.
끓어오르는 열기를 모아야 하룻밤 추위를 버텨낼 것이다
눈꺼풀을 붙들고 나른하게 풀어지는 온돌 아랫목의 몸은
꾸벅꾸벅 세상에 인사를 한다. 그렇게 접몽하며 기우는
불씨는 쉽게 꺼져 싸늘하고, 잡았던 졸음을 찾으려고 다시
불을 지핀다. 소주를 병나발하면 끄윽 트림을 토해내던
불씨가 활활 타오른다. 지하도를 지나치는 발걸음 소리가
흉겹게 들리고, 사멸한 어느 원시부족의 말이 방언으로
쏟아진다. 노숙보다 더 고통스러운 것은 늘어진 시간이다.
분단위로 던져 올렸다 받기를 계속하며 지루함을 자르는
커터 칼로 베어내는 시간이 바닥에 쌓인다.
계단 밑으로 말떼가 달려오듯 바람이 들이친다. 박스로
만든 집에 온기를 숨긴다. 살과 뼈를 발라내는 바람의
길목에 겸손한 잠을 구걸하고, 온 몸을 태우고서야 시름을

잊는 도피를 얻는다. 멀리 셔터 내리는 소리가 들리고 빈 소주병을 불며 오카리나 연주하는 바람에 불꽃이 흔들린다. 누군가 발길로 불을 끄고, 다시 불을 붙인다.

**김 성 수**

2003년 《현대시》 등단, 난시동인회장. 《다시올문학》 편집위원. 시집 『걸음의 공식』 fm1crow@naver.com

# 순환선

신 현 복

잠실 방향 지하철 안
정신지체아로 보이는 소녀가
시청역에서 내리려다
쥐고 있던 쪽지를
머뭇머뭇 내게 내민다

'집에 가는 법
강남역에서 잠실방향
잠실에서 암사행으로 갈아탐
강동구청역에서 내려
3번 출구'

괜한 말을 더 했다
여기까지 두렵고 망설였을 터
나도 잠실 가는 중이니
안심하고 가라고만
할 걸 그랬다

역逆방향은
잘못 가는 길이 아니라
돌아가는 길
짧은 소풍 길은 일부러
돌아서 갔다

**신 현 복**

충남 당진 출생. 2005년 《문학선》 등단. (주)한라건설 홍보팀 근무. 《다시올 문학》 편집위원. clstone@halla.co.kr

# 식탁 위의 역사

최 을 원

길가 고깃집에서 한 가족이 고기를 먹는다
가장의 가위질엔 도그마가 있다 아이들은
콜라 거품처럼 보글거린다 한껏 벌린
입만큼 행복하다 햇살이 오물오물 씹힌다
구석진 자리엔 한눈에도 불륜인 중년 남녀
익는 시간만큼 초조하고
뒤집는 횟수만큼 불안하고 뜯는 순간만큼 사랑한다
두 식탁은 헤브라이즘과 헬레니즘이다
제도권과 비제도권이다 로고스와 에로스다
세상 모든 것들이 두 테이블 중 한 곳에 앉아 있거나
앉아 있고 싶거나, 자리를 바꾸는 중이다
부부가 갑자기 언성을 높인다 전쟁이다 아이들이
운다 중재다 주인여자가 말린다 간섭이다
쳐다보던 남녀가 웃다가 눈이 마주치자
얼른 시선을 돌린다 윤리 혹은 이념이다
식당문이 열리고 두 민족이 빠져나간 식탁에는
뼈다귀들이 수북이 쌓여있다 역사다
우골탑이다 버려진 것들 사이로
햇살이 지나간다

말끔한 행주질로 또 한 세기가 열릴 때
고급 외제차 한 대 들어서는 마당,
유목의 개 한 마리 허기져 어슬렁거리고 있다

**최 을 원**

2002년 《문학사상》 등단. 《다시올문학》 편집위원. 시집 『계단은 잠들지 않는다』 chldmfdnjs@daum.net

# 뉴타운장례식장 사장님이 사는 법

윤 준 경

뉴타운에서는 장례식장도 뉴우~

아파트에서도 병실에서도
터부시하는 4字가
대낮에도 4444 네온 불을 밝히고
죽어라죽어라어서죽어라다죽어라
산 사람을 향해 위협적으로 사인을 보낸다

어른 애 가릴 것 없이 4444
주검이 다발로 들어오면
4444 슬픈 척
벗겨진 이마를 문지른다

애도애도 울먹이며
꽃을 바치고 돈을 바치고
눈이 벌겋도록 고스톱 판을 벌이던 때는
죽음이 달갑지 않았다
구겨진 셔츠로 출근을 하고
아내의 눈치에 소금을 뿌리고

이제는 오로지 죽음만이 위안이다
밤잠을 설쳐도 죽음은 반갑다
'그래도 웃으면 안돼'

평생 슬픔에 젖어 산다
4444 조용히 주문을 외울 뿐

**윤준경**

1995년 교자문원 3회 추천. 《다시올문학》 편집위원. 시집 『나 그래도 꽤 괜찮은 여잡니다』 『새의 습성』 외 1권. june7590@hanmail.net

# 보리밭 연가

**안 갑 선**

아들놈 어깨를 주무른다 무릎과 등 바람과 소음도
뼛속에 들지 않도록 꾹꾹 밟는다
두꺼운 요를 깔고
잠을 눕히고 귀를 틀어막아도
시원하다고 느껴지는 것은
내 몸의 살과 뼈 들떠 있다는 증거 한파에 땅이 들떠
꽉꽉 밟아야 잘 자라는 보리처럼 어느새 아들의 등에선
호박, 감자, 고추 썰어 넣고자박하게 끓여낸 된장 냄새가
차디찬 저녁의 등을 덥혀준다 보릿짚 말려 군불 지피고 대접에 꽁보리밥 넣고
쓰윽 비벼 먹는 나는 보리다 아들놈이 꾹꾹 잘도 밟는다

**안 갑 선**

시집 『그대 가슴 밖의 내 마음』으로 작품 활동. 《다시올문학》 기획이사. 시집 『통화중』 『바지랑대와 손 고동 소리』 외 1권.
angabsun@hanmail.net

# 목가 예찬

**마 상 열**

물불은 또랑가에 올망졸망이 물봉선 알갱이 여우볕 쪼이고, 이번 장마에 드문드문 상처 난 잎새 사이, 말갛게 씻긴 하늘님 몽실몽실 뭉게구름 한가로이 피어 내는데, 임 잃은 호랑나비 길을 묻네~ 길 묻네.

묵정밭 망촛대가 집성촌인 거미일가 진득이 털어내듯 노랑 볕에 젖은 이불 걸쳐 놓으면, 참나무 구멍, 세든 외딱따구리 처녀도 한 허기 허겁지겁 분주하여라.

아~ 비 그친 버덩에 잡풀들도 멍석 깔고 누웠는데, 소 없는 외양간에 쇠똥구린 우얀단 말이고~ 쇠스랑에 말라 비틀어진 쇠똥이라도 떼어 떼어 거랑 물에 불켜 던져나 줘 볼까나.

빗물내린 초가에 이엉 얽어매고, 미루나무 끝자락 낮달 서럽기전, 허울 한 이내 몸도, 검정 고무신 내어 신고, 헛간 삽 들쳐 매고 터덜터덜 다랭논 물꼬나 보러 나서봤으면.

**마 상 렬**

강원도 태백 출생. 《문학21》시부문 신인상 수상. 《다시올문학》 기획이사
msy316@yahoo.co.kr

# 해녀

**문 춘 식**

정말 그러고 싶습니다.

항상 생각은 우산을 닮아가고
그 안에 겁쟁이 심장만 뛥니다.

이제 그 것이 남에게 주는
아픔이 아니라면

정말 그러고 싶습니다.

먼 바다에 나가
언어가 난무하는 말미잘이라도
건드리고 싶습니다.

자존심과 긍지만 가진
껍데기를 버리고

그런 바다에
뛰어 들고 싶습니다.

**문 춘 식**
1978년 《현대문학》 2회 추천. 시집 『오래된 시처럼』 『짓거리』 외 3권. 그리고문학회 회장. 다시올문학 편집이사. moonspring@hanmail.net

# 화살나무

**나 석 중**

가을이 한창이어서 오히려
산책길 썰렁한 화살나무를 보면
적중하고 싶은 표적 하나 아른거리네

화살나무 한 촉 뽑아들고
내 그리움의 시위에 힘껏 당겼다 놓으면
당신의 마음 한복판에 가서 꽂힐까
딱, 꽂혀 승리의 깃발처럼 나부낄까

깊숙이 들어온 가을 속에
시들시들 낡아가는 이 육체 속에
탱탱하게 일어서는 내 마음이여

**나석중**

《신문예》 등단. 시집 『감촉』 『물의 혀』 외 2권. 빈터 명예동인, 다시올문학 편집이사. oogeugi@hanmail.net

# 울음의 바다

공 태 명

삼성의료원 영안실 죽은 사람보다
살려는 사람들이 더 날을 곧추세운다
생사고락의 의지와 투지에 목매달다
그만 먼저 간다고 작별하는 그곳
노래가사를 흉내 내며 캣세라캣세라
말의 씨, 덫에 걸린 올가미가 됐다,
올가미는 뒤늦게야 "살고 싶다"고
의지와 투지를 쓴 약처럼 마셨지만
죽음의 네 글자, 삭제된 스팸문자처럼
신음소리를 내며 영구히 삭제된다
침대 머리맡에 적어놓은 그의 유언,
비몽사몽 쏟아놓고 그는 홀연히 갔지만
개똥밭에 굴러도 이승이 낫다는 각오
영락없이 거기가 거긴, 삶과 죽음
엇갈린다는 것은 그래서 슬픈 일이다
차마 놓고 싶지 않은, 그래서
인정하고 싶지 않았던 짧은 목숨 줄
블랙홀에 빠져 통과해야하는 이생의 삶
이쪽저쪽의 모호한 경계가 비루하다
자정의 바다로 조문객들이 뛰어든다

**공 태 명**

월간《시사문단》등단, 시집『무명초』외 1권. 방송통신대학교 박사. 다시올문학 편집이사. kongm@hanmail.net

# 올해도 분꽃이 피었다

**최 명 심**

하나 뿐인 언니를 떠나보낸 어머니
분꽃 씨앗보다 새까만 그리움
먼지처럼 허공으로 날려 보내고

행여 손톱만한 사랑
타 버린 속내에서
다시 파랗게 움이 틀까
새치름히 하늘만 쳐다보시던

산다는 건
떠남을 준비하는 거라고
거울 앞에서 긴 머리
정성껏 빗어 내리듯
눈물도 정갈하게
안으로만 삭히던 어머니

분꽃 한줌 또 받으신다.

**최 명 심**

월간 《문예사조》 등단. 부천여성문학회 회장 역임. 《다시올문학》 기획이사.
proseis@naver.com

# 엄마는 부재중

송 연 주

저녁 무렵
골목에서 웃옷 벗고
식칼 든 미친년 뛰어나오데
놀라 자동차 문 잠근 채 있었지
동사무소 직원 몇 뛰쳐나와 잡아가던데

밤에
아들놈 밀린 숙제 때문에
고래고래 악쓰며 놈과 마주하고
책상 두드리며 녀석의 등짝을 후려치고
흰자위 번들거리며
말까지 더듬고 있는 나에게, 녀석은
미친년 보던 눈빛을 하고

녀석 시선에
퍼뜩, 정신 차리니
내가 영락없이 미친년 꼴이더라

이해하고 보듬어 줄 것을
후회해도 이미
녀석 가슴엔 말의 상처가
미친 칼 같이 박혀 버렸고
미친년만 남은 가슴에
엄마는 지금 부재중

**송연주**

《시와비평》 등단. 시낭송가. 다시올문학 기획이사. 시집 『상처 많은 풀이 향기롭다』. skyseafun@hanmail.net

## 전망동인

우애자 최창순 박수걸
오영록 서영용 문희봉
김선자 예시원 최혜영
김설진 유 근 박순정
김석신 정지용 추다영
유희봉 조영환 박동남
이사랑 나유성 우옥자
김경식 정미경 이인수

# 은빛 멸치 외 2편

우 애 자

제 속에 바다를 가둔 은빛 멸치
바다의 비린 정을 놓지 못해
몸을 안으로 안으로 구부린다

잊혀지지 않는 깊은 생을 끌어안고
등 굽어지고 은빛 비늘이 벗겨져도
감지 못한 눈은 푸른 바다를 향해 달리고 있다

은빛 멸치는 어두운 상자 안에서
오래도록 아픈 꿈을 꾼다
길은 어디에도 보이지 않는데
끊임없이 길을 만들었던
찬란했던 시절만큼 아파오는 시간

소금기에 하얗게 굳은 멸치
아픈 그림자를 지우며
은빛 비늘로 푸른 바다를 부른다
저 은빛의 아득함,

내 안에 있는 푸른 바다가
하루 종일 출렁인다

# 가야하는 길

우거진 안개 숲에서
이리저리 떠도는 반딧불
숨 깊이 몰아쉬며
환한 길 찾아보지만
어디에도 길은 보이지 않는다

해와 달 구름 뒤에서
푸른 계절을 놓쳐버리고
미로의 길에서
소수점으로 옮기는 발목이 무겁다

캄캄한 어둠을 끌어안고
무거운 발끝으로 덤불을 넘어서니
또 다른 길이 앞을 가로막는다

한 발짝도 내다 볼 수 없는 막막한 길,
멀리 널리 바라보는 마음가짐으로
쉬지 않고 한 걸음씩 나아간다

生 死는 자연의 이치
내가  떠나는 날
환한 얼굴에 미소 머금고 떠나기 위해
중심을 잡고 심지에 불을 붙인다

# 붉은 지문

하늘 높이 날아가는 구름의 문양 새들의 희미한 그림자를 본다.
잊지 못할 기억, 몸 깊숙이 새겨 넣으며 새끼들의 예행연습 위해
더 높이 공중으로 날아 오른 어미 새,

멀리 날아 갈수록 어스레한 빛 속에 눈에서 멀어져 가는 새끼의 그림자가 아스라히 스며들어 나뭇가지에서 홀로 서성이는 새끼 새의 울음을 어미의 마음으로 듣는다.

부러진 날갯죽지 어설픈 몸짓으로 푸름을 향해 날아오르는 새끼,
또다시 예기치 못한 기류에 휩싸여 눈 바로 뜨지 못하고 그림자로 날아가 암벽에 부딪혀 떨어질까 놀란 가슴,
지워지지 않는 붉은 지문을 남긴다

위험이 도사리고 있는 벼랑 끝에서 새끼 새만 쳐다본다.

우 애 자
2010년《다시올문학》등단. 다시올작가회 부회장. aarym@naver.com

# 높은 분들의 식사법 외 2편

**최 창 순**

억億 억億 대며 처먹어도
배부르거나 체하지 않는 사람들
법망을 손에 쥔 사장님들은 문고리만 잡고 흔들어대
목은 무거운 금으로 감고 있어 교수형도 못 처하고
가슴은 두꺼운 철판을 깔아 총상도 못 시키고
오장육부 창고마다 가득 쌓인 금은보화
세상의 민초들은 알고 있겠지 오늘 밤
그들의 탐욕을 요리하는 식탐의 조리사들
실제의 비리가 저녁뉴스에서 재구성되자
한 덩어리의 허기, 싱싱하게 출몰하는
부패는 늘 이런 방식이었다.

# 고향 한 다발

진부 시냇가를 따라 모래사장 가는 그 길, 한낮에 붉어진 해당화 풍경 저곳은 날마다 청춘의 그림을 실어 나르던 방향 햇볕에 그을린 그림자와 웃다 떠들다간 흔적이 있다

하루치 휴가를 써버리고 돌아가는 길, 해당화를 품고 부엉이 날아드는 뒷산을 찾았다. 멀리서 바람 불 때마다 가난의 웃음을 함박 포개며 아득하게 고향을 지키겠다고 장담했던 수일이 응록이 영순이가 환영幻影으로 날아든다.

지난날을 스치는 잠깐, 썰물처럼 빠져나간 동무들이 하나, 둘, 이별을 알려오고 드문드문 전원주택 들어서는 이곳에 박새 곤줄박이 쇠박새 만 그리움에 가뭄 든 나를 반긴다.

진부에 가면 고향을 지키겠다고 장담하던 것들은 사라지고 목이 말라버린 시냇가에 아파트만 즐비하게 들어섰다 저곳에 태어나 살았다는 느낌만으로도 지친마음을 쉬게 하는 기억의 오지

나는, 거기를 찾아들어가 사라진 고향 한 묶음 손에 들고 오면
사나흘은 고향의 기억만 베고 있어도 편히 자겠다.

# 관악산

등산객 등살에 속살 드러난 산
샛길마다 들려오던 새소리 물소리
말라 버렸다

발소리 행렬에 요란한 계곡
나무들 지친 그림자에 발자국 겹쳐지고
수백 년 동 틈에 누워 신음한다

솔향기 사라지고, 바람도 수없이
뒤꿈치를 물리는 산등성마루에
노루꼬리만큼 해가 걸리면
능선마다 시골장터같이
버적대며 둘러앉은 사람들
서둘러 먹다버린 하산주에
족적을 기록하는 관악산
비틀거린다.

**최 창 순**

2009년 《다시올문학》 등단. 영등포문화원 민요판소리연합회장. 다시올작가회 감사. chsunch@hanmail.net

# 이력화 외 2편

박 수 걸

아름다운 것도 사연으로 읽으면 처연해지는 법
일 년을 도화지에 한 장씩만 그려도
내 생애의 그림이 예순일곱 장
요즘 숫자로 계산하면 많지도 적지도 않다
다만 여백을 메울 수 없어 아쉬울 뿐

다시 떡잎으로 돌아가 시작과 끝
여백을 채우지 못한 마지막을 펼쳐놓고
들국화의 초연함을 채색할 수 있다면
나의 역할은 살아있다는 것만으로
한 권의 그림책이 되는 것이다

숙명이란 화방이나 대서방에서
다시 쓰거나 그릴 수 없는 나의 이력을
붓을 빌려 그리고 펜을 빌려 대필을 한들
어찌 한생의 이력을 처연하지 않다고
감히 말할 수 있으랴

한 장 한 장 낱장의 쪽수가
부질없음이라고 그려졌다면
주식회사 저승에 입사해
다시 그리러 들어가야 한다

## 둥근 집

저 어느 섬
지붕 둥근 건물 안에
무슨 보물이 있을까

니도 모르고 내도 몰라도
배부른 것들은 아는가 봐
뼈 빠지게 벌어 지어준 저 집에서
나를 빨아 복어가 될 궁리만 하는

둥근 집 들어갈 입장권을 얻을 때는
노래도 하고 엉덩이춤도 추더니만
그 안에 보물 쟁탈전이 벌어지면
국제 경기에도 볼 수 없는 장면에
에라이 ㅆ팔 것들 장단을 쳐준다

더러운 것들의 행진곡
금수강산에 울려 퍼지면
미치지 않아도 미친놈이 되는 세상
하늘과 땅이 포옹할 날만 기다린다

인생의 가치를 못난 나도 아는데
잘났다고 우기는 것들이 모르다니

에라이

## 북두갈고리

기억의 뒤편에 서 계신 얼굴
세월에도 지워지지 않는 세상 속에 계신다
엄동설한 손끝에 머무른 혹독한 삶의 칼날
여전히 밭고랑을 메고 부엌으로 걸어와
타오른 아궁이 불에 뽈나무 검은 진을 내어
터진 손가락 땜질하시던 아버지
이순이 넘어 뒤늦게 그리운 아버지를 만난다
갈라진 손 무심히 등 뒤에서 바라만 보던
못난 놈, 내 손톱에 박힌 붉은 흙덩이
손바닥으로 비벼대며 평생 뽈나무진도 연고도
바르지 않을끼다고 무릎 꿇고 속죄 해보지만
다시는 잡을 수 없는 아버지의 손
죽어도 손가락을 펴지 않는
북두갈고리

**박 수 걸**

경남 밀양출생. 2009년《다시올문학》신인상. 시집『내 속살 보여줄까』.다시올문학 운영위원. yasehoa@naver.com

## 산방産房 외 2편

오 영 록

하늘 가득 흩뿌려지는 단풍잎이
산도에서 방사되는 치어입니다
하늘이 파래서 저들에겐 바다입니다.
지난번 산에 올랐을 때
앙상히 뼈만 남은 가자미거나 넙치였던
유골을 보았기 때문입니다.
아내는 나뭇잎의 퇴적이라고 했지만
급류에 휩쓸려 갈까 봐
수초를 잡고 납작 엎드렸거나
먹이를 구하기 위해 은폐했던
물고기의 죽음이었습니다.
계곡을 다니다 보면 구렁에
한 아름씩 쓸려 있는 낙엽을 봅니다.
그것은 낙엽이 아닌 여름날
바다까지 갈 수 있는 물때를 기다리는
치어들이었던 겁니다.
늦가을 산은
와스스
와스스
치어를 낳는 혹등고래들 산통으로
들썩,
들썩합니다.

# 여유

아줌마 케이는
퇴근 시간만 되면 엉덩이가 들썩거렸다
암나사를 풀고 싶은 것이다
한 바퀴 두 바퀴 풀다 보면 어느새
세상도 다 열린다는 케이
살림살이가 얼마나 무겁냐며
가끔 속엣것을 꺼내 놓아야 가벼워진다는 케이
스스로 암나사를 풀 줄 알았다
암나사가 풀린 날은
빈병처럼 훙얼훙얼 소리도 났다
케이는 수시로 열었으므로
물렁물렁 헐렁헐렁했다
가끔 내용물이 조금 흘러나와도
그는 괘념치 않았다
조금 풀어놓는다는 것은
폭발하지 않도록 미리 가스를 빼 주는 것이다
쓰러지지 않으려면
꽉 잠가 놓지만 말고
가끔 속엣것을 비워 가볍게 해 볼 일이다
아줌마 케이는
오늘도 벌써 두 병째 암나사를
우두둑 비틀고 있다.

## 단풍

바람의 어금니를 본다.
잡식성이어서 먹지 못하는 것이 없다
오늘은 나무의 뿌리를 물었다
필생의 몸부림으로 나무의 낯빛이 붉다
먼저 물린 자작나무 얼굴은 이미 창백하다
이미 지나온 못등도 낮아지고
질근질근 씹힌 바위가
해변에 허옇게 너부러졌다
산 정상으로 둥지를 틀었는지
나무들은 여기저기 물린 흉터로 비비 꼬였다
한번 물면 놓을 수 없는 미늘이 있어
포기할 수 없는 어금니
바람의 이빨이라고 물컹하리라는 것은 착각이다
환절기에는 사람의 목도 서슴지 않고 무는지
뾰족한 이빨이 박혔는지
목이 따끔거린다.

세월도 소리 없이 씹어 결딴내 버리고
모두의 명패마저 깔끔히 먹어 버릴
저 부드러운 어금니
하지만 가시 같은 잎사귀 때문에
천 년을 벼르면서도 물지 못한 소나무 앞에서
투명한 이빨로
으르렁거리고 있다.

**오 영 록**

강원도 횡성 출생. 《다시올문학》 신인상. 《문학일보》 신춘문예 당선. 청계천 문학상 수상. cy3213@hanmail.net

# 뱅크런이론* 외 2편

서 영 용

은행의 기원은 금세공업자들이다
금을 보관하기 어려운 사람들은
튼튼한 금고를 가진 금세공업자에게
금을 보관하고 보관증을 받았다
처음에는 물건구매에 금이 오가다가
보관증을 주고받았다
지폐 수표 구실을 한 셈

금세공업자는 금을 빌려주고
수수료를 받았다
금을 맡기는 사람에게는
약간의 사례도 해 줬다

금세공업자는 맡아 놓은 금 일부만
남겨 놓고 나머지는 대출을 했다
금을 맡겨 놓은 사람들이
한꺼번에 몰려와 찾으려고 않을 거라
예상했다
불안심리가 사회에 퍼질 때
사람들은 맡겨 둔 금을 찾으려고 몰려온다

1997년 말 외환위기 즈음
은행파산설이 나돌자
예금인출하려는 고객과
말리는 은행원들의 눈물겨운
실랑이가 있었다
많은 예금인출이 되고
환율은 하루에 예닐곱이나 바뀌었다
급기야 정부는 IMF구제금융을 신청
고객들은 부실 경영한 은행이
국가부도를 야기했다고 몰아붙였다
반복된 역사의 수레바퀴일까
세계금융위기 때도 은행을 욕했다

경제학원론을 펼친다
중앙은행의 통화정책을 본다
미시경제적 기능**에 오래 눈길이 머무른다

* 대규모 예금인출 사태
** 금융기관의 건전성과 금융제도의 안전성 역할을 수행하는 것

# 세한도

국립중앙박물관에서 국보 180호를 만나다
집 한 채
소나무 한 그루
잣나무 세 그루
추운 겨울 푸른 잎을 달고 있는
사제간의 늘 푸른 인정

추사가 제자 이상적에게 그려 준 그림
제주도 유배중일 때
역관인 제자는 연행에서 얻은 최신 서적과
추사지인들의 편지를 꾸준히 보내 드렸다
제자의 변함없는 정은
추운 겨울에도 싱싱한 잎이 솟아났다
감동한 제자는
연경으로 가져가 청의 명사들의 글을 받아서
세한도는 13m 길이로 늘어났다

추운 겨울에도 푸른 잎은
눈도 녹일 만큼 뜨거웠다
유리창 속의 세한도를
나는 물끄러미 본다
국보로 승화된 사제간의 정
외롭고 쓸쓸한 풍경 속으로 내가 걸어간다
내 마음속에 늘 푸른 나무
한 그루를 심는다

# 남계원 칠층석탑

국립중앙박물관 석조물정원
억새꽃이 내리는 어둠을 오롯이 받는다
국보 100호
둔중한 탑이 밤하늘을 받친다
고려시대 태어나 천년을 버틴 뚝심
지붕은 얇고 넓다
위로 갈수록 탑신의 두께가 둔중하다
천지인의 좌표를 그리고
나의 심장을 붙잡아 준다

생로병사 희로애락이
삶의 튼실한 좌표라고
천년의 지혜를 속삭인다
도인은 본능이 조화롭게 승화된 사람
삶의 수레바퀴는
지혜 실천으로 이끌어 가야 한다고
탑은 나에게 말한다

탑은 어둠을 지고 서서
사는 일이 그런 것이라고
물결곡선을 보여 준다

**서영용**

나주 출생. 세종대학교 경제학과 졸업. 2010년 《다시올문학》 신인상
seoyoungyong@hanmail.net

# 그리운 당신 외 2편

**문 희 봉**

시려오는 아픔
발목까지 젖어드는 그리움
당신의 굽은 허리
옛 가르침 건져 올리며
깨밭으로 간다.

흐드러지게 핀 깨꽃
은하수가 내려앉은 듯
황홀함 대동하고
그렇게 산 당신을 만나러 그곳에 가면
내 가슴은 촉촉한 시냇물 된다.

미풍에 흔들리는 깨꽃
옥양목 같은 목덜미에
땀이 번져 흐르고
깨꽃 속에 자리한
이순의 당신

세상이 다 무너져도
내겐 당신이 있다.

당신이 그리울 때
나는 깨밭으로 간다

# 파도치는 보리밭

멋지게 장식한 파마머리
이어달리기 하는
후손들의 모습
오늘따라 늠름해 보인다
믿음직해 보인다.

백척간두에 섰던 나라
개떡으로 주먹밥으로
백성들 입에 리듬을 매달았다
대포소리도 겁내지 않았다.

엄동설한
손등, 발등이 다 터도
의연한 모습으로
혹한의 계획적 방해에도
백성들은 그를 힘껏 안아 주었다.

오늘
그 후손들이
상대 골대를 무차별 공격하고는
누런 유니폼으로 갈아입었다.
넉넉한 어머니의 품이다.
지나가던 새들도
그 모습에 감탄하며
두 손 번쩍 들어
'하이파이브'를 외치고 있다

# 이슬비 내리는 날

이슬비 내리는 숲속
길손 유혹하는 아카시아
내 후각이 백마를 탄다
이런 호사가 어디 있는가
발밑까지 짜릿해지는 행복의 여울
벼랑에 붙어사는 저 작은 생명도
함께 일어나
근육질 몸매로 흥을 돋운다
사방이 희망의 용틀임이다

축가 부르며 인정 베푸는 자연
그 품에 포근히 안긴다
멀리서 무지개가 손짓한다
영롱한 노스탤지어
가마 위에 올라앉은 내 육신
춤사위 호수 속으로 빠져든다
살아있음은 축복이다.
나는 누구를 위하여 향기 준 날 있는가?

**문 희 봉**

월간 《에세이》 수필, 《다시올문학》 평론 등단. 素雲문학상 수상. 대전문인협회 회장. 수필집 『작은 기쁨, 큰 행복』 『아마릴리스』 외 3권. 시집 『지천명의 노래』 『천리향』 『일출』. mhb0902@nate.com

# 등잔불 외 2편

김 선 자

전깃불이 나갔다 다락방에 올려둔 낡은 사기등잔을 찾는다 양초에 불을 댕겨 어둠을 밀어내고 싶지 않았다 오랜만에 더듬더듬 어둠을 만져보고 싶었다 까만 먹물 같은, 손바닥에 달라붙어 떨어지지 않는…

빈 등잔이 기름으로 배를 채우고 시커먼 그을음을 피운다 심지를 줄여도 불꽃이 올라와 펄럭인다 너울너울 춤추는 저 불꽃, 언젠가 저 불춤에 코끝을 까맣게 그을리고 머리칼도 태웠다 어둠이 타는 냄새, 졸음이 타는 적막한 냄새, 가물가물한 기억의 심지를 돋운다

등잔이 뿜어내는 검은 연기는 나의 묵혀 둔 추억이다 그을린 자국이 내 마음 어딘가에 있다 어둠에 젖어 보는 그런 밤, 내 속에 아무 것도 담지 않으리라 침묵하는 등잔불처럼 어둠을 가만히 지켜보리라 환한 어둠이 나를 켜들 때까지,

# 솟대

솟대 위,
이름 모를 새 한 마리
위태롭게 앉아있다
허공이 날개 없는 새를 흔든다
소나기가 퍼부어도 천둥이 쳐도
여전히
울지 않는 새를 바라보니
허공 속 길이 덩달아 흔들린다
사바세계
까마득히 내려다보이는 솟대
날개를 펴라 새야
벙어리새야

# 연꽃처럼

나, 피어나도 될까

그림자 지는 자리, 바람이 맴돌다 가는 자리, 허공 푸르고 진물 흐르는 자리, 아미타불 눈 감은 자리, 불두화 숨죽인 자리, 긴 시간 고개 숙여 기다리던 밤, 네가 내 부처로 눈뜨는 밤, 진흙 밭에 발 담근 보리심, 무명에 가리어진 잎이 아닌,

나, 꽃잎으로 피어도 될까

**김 선 자**

경기 화성 출생. 2009년 계간《다시올문학》등단. 보령 문인협회 회원. 보령 예석 대표. jjj7204@naver.com

# 머언 훗날 외 2편

**예 시 원**

먼 훗날 내 노년에는
아름다운 노래와
손만 뻗으면 잡히는 곳에
책장 가득 뒹구는 시집만 있으면 행복하리

불 꺼진 창가에 가끔씩
지나가는 달빛도 비치고
별빛도 머물러 준다면 좋겠지
그래, 향기 좋은 술이 있으면 더욱 좋겠지

가끔씩 지나가다 들리는
푸욱 익은 술 같은 친구와 우정이
내 쓸쓸한 아틀리에를 꽉 채워준다면
정말로 세상 부러울 것 없겠네 진짜로…

기타를 맛있게 잘 치던 내 친구와
노년의 시간을 보낼 수 있다면 행복하겠네

# 어기찬 울음소리

남의 생을 갈기갈기 난도질하던 사낸
결국 봉변을 당했다

십여 년 세월
세 번 참으면 살인도 면한다 인내는 쓰나 열매는 달다
참자 참어 오지게도 참았다

결론은 버킹검이 아니라 참는 것이 능사는 아니더라
참기만 하면 바보가 되고 안으로 병든다

어기찬 울음소리 한 방에

남의 생을 갈기갈기 난도질하던 사낸
결국 봉변을 당했다

새벽 기적소리
뚝배기 깨지는 쇳소리에 아침이 온다

# 망치를 들어라

숨막히는 고통도 뼈를 깎는 아픔도
마지막 순간까지 견디고 견디면
남는 것은 빈곤뿐이다

두 주먹을 불끈 쥐고 하늘을 향해
소리를 내질러도 남는 것은
허기진 가난뿐이다

어기영차 망치를 들고, 힘껏
쇠사슬을 내리치자

속박의 굴레를 벗어나, 이젠
건설의 기적소리를 내자

**예 시 원**

《다시올문학》 소설 등단. 계간 『詩와늪』 주간. 시집 『브라보 유어 라이프』 『바람 불어 좋은데이』. 문학세계문학상, 문예춘추 현대소설문학상 수상. 한국항공우주산업 근무. yukuok@naver.com

# 어머니의 놋촛대 외 2편

최 혜 영

아직은 어두운 새벽
방 한 구석의 빛
어머니는 긴 촛대에 불을 켜시고
낡은 미사포를 찾아 쓰신다
성모상 앞에서의 두세 시간씩
삿된 것들 다 모아 태우며
자식들 이름을 하나하나 꺼내놓고 가셨다

놋으로 된 빈 촛대를 찾아놓고
나도 눈을 감아본다
금새 회오리바람이 휘젓는다
내 안에 배어 있던 잡념들이 우글거린다
호흡은 점점 거칠어지고
나는 출구를 잃고 만다
한 번도 내 심지를 태워 본 적 없으니
마음에 빛을 모을 수 가 있을까
이미 굳은살 박힌 허영의 굴레는
끝이 보이지 않는다.

# 옷장

옷장을 연다.
낯익은 얼굴들
설렘으로 찾아 입던 옷
그때처럼 웃고 있다

하나하나 기억이 배어 있는
한때는 눈부시던 것들
새것들에 앞자리 내어주고
생기를 잃고 뒤쪽에서
고개를 빼고 있다

퀴퀴한 냄새를 거풍시키며
동거한 시간의 두께를 본다
옷장 속에서 늙어간 세월
바랜 옷들과 내 얼굴이 닮아있다

이제 눈길을 접어야 한다
인연의 한계가 여기까지라 하자.

# 낯선 트럭

낯선 청년이 트럭에 야채를 싣고
아파트 한 귀퉁이에서 장사를 한다
관리인의 눈을 피해 마이크도 없이
농약도 조금만 뿌려 직접 키운 거라며
값을 말 할 때도 어색하기만 하다
지나던 주부들이 야채 단을 뒤집으며
큰 묶음을 고르고 가격을 깎으며 고개를 흔든다
도심의 계산법 앞에 청년은 푸석한 웃음으로 서 있다.
그는 다시 싣고 돌아갈 생각을 하는지
치솟은 기름값을 생각하는지
물건을 주섬주섬 제자리에 다시 올려놓는다
배추 한 포기에 열무 한 단씩 더 얹어 주어도
커피 한 잔 값이다.
목수건에 땀을 닦는 청년은 떨이를 준비하고
목쉰 소리로 허전한 현실을 수금하고 있다.
부슬부슬 가을비가 내리고
그의 초조한 영혼은 곤궁해 보인다.
욕망의 추에 초점을 잃은 젊은이들 몇
담배를 문 채 땀에 전 청년의 트럭을 길게 쳐다보고 간다

**최 혜 영**

서울 출생. 계간《다시올문학》등단. 다시올문학 총무이사. 현 안산 이삭유치원 원장. hye8268@hanmail.net

# 검은 가방 외 2편

김 설 진

꼬박 하룻밤
그의 이불은 장대비에 젖었다

진흙탕 속에서 잠든 사내
부릅뜬 눈에
그의 삶이었던 공사장의 모래가 묻어 있다
공사장의 입과 눈길이 늘어진 몸에 쏟아져
멋대로 그의 몸을 풀어놓는다

이승과 저승의 환승역이 되어 버린 진흙밭
다물지 못한 입이
지난밤의 다급함을 말하고 있다
그가 밤새 건너고자 했던 웅덩이에
뭉툭한 발톱이 떠있고
구멍 뚫린 머리에서 쏟아져 나온
고단한 불안감들
지난밤 장대비가 그의 오십삼 년을 쓸어버렸다

황망하고
다급한 빗소리에
한 여자가 주저앉았다

그는 기어이
발가락에 꼬리표를 달고
검은 가방 속으로 들어갔다

# 안개군단

도시를 점령한 안개들
길을 지우고, 소리가 떠다니고
아랫도리가 없는 가로수가 허공에 걸려있다

모락모락 안개를 끓여 파는 길거리 포장마차
입이 닫힌 사람들도 이곳에 오면 입이 트인다
종이컵에 담아 파는 뜨끈한 안개 한 모금
지난밤 안개에 취한 사내가 앉았다 간 자리에
벗어던진 허물이 떨어져 있다
사내는 몇 번이나 몸을 벗고 돌아갔을까

안개가 모여 사는 도시는 불안하다
알 수 없는 소문이 떠다니고
하룻밤에 길이 사라지고 사람이 사라진다
도시 외곽을 배회하는 안개는
호시탐탐 도시로의 진입을 꿈꾼다

아침마다
허둥지둥 지하철역으로 뛰어드는 안개군단
지하도 때 절은 점퍼가 덮고 잔 신문지 속에서
안개에 덮인 세상이 걸어 나온다

## 호암 터널엔 봄이 세 개다

관악산이 흰옷을 벗어던지면 개나리가 노랑저고리를 입기 시작한다

겨우내 매연에 절어 꾀죄죄한 저 꽃저고리, 진달래도 연분홍 치맛자락을 펼쳐들고 밤새 터널에 고인 소음을 털어낸다 세상의 냄새를 지우기 위해 라일락은 오늘도 저렇게 제 몸에 향기를 뿌려댄다

심장을 내어준 산, 구멍 뚫린 산자락에 활짝 웃는 저 꽃들 목젖에 매캐한 도시의 그늘이 걸려 있다 어둠조차 들지 않는 호암터널, 철따라 꽃들이 좌우로 꽃등을 내다 건다 세월의 바퀴는 금세 지나가고 봄이 세 번 마을로 내려오는 호암터널, 가끔 철 이른 뻐꾸기 울음도 날아 든다

나는 오늘 진달래 꽃잎으로 밥을 비벼 먹었다

**김설진**

광주 출생. 배재대학교 영문학과 졸업. 2010년 계간 《다시올문학》 등단

bluefox0702@naver.com

# 무당 강씨 외 2편

유 근

한손 들어 허공을 가르고
한발 들어 칼날을 무디게 하니
강씨의 치마폭은 온 동네를 감쌌다

병고에 찌든 갑순이 아버지도
몇 번이나 살림을 엎어 먹은 칠성이도
때가 되면 강씨 치마폭에 모였다

동네가 생긴 이후
가뭄도 풍년도 모두 강씨 치마폭에 있었다
불안한 미래와 불길한 액운은
오직 무당만이 해결해 주었다

방울을 흔들고 훨훨 칼춤을 추면
죽은 혼백들이 하나 둘 몰려나왔다
푸짐한 고사상, 제사상에
강씨의 하루는 신바람이 났다

대학물을 먹은 사람도 못 배운 사람도
모두 천기를 읽는 강씨 치마폭에 무너지고
오직 하늘은 강씨 무당과 연결되어 있었다

# 안개

12월에도 가평읍 수증기는
소리 없이 이글거린다
넓은 가평비행장을 딛고
위로 위로 피어나 하늘에 오른다

밤이 오면
미처 오르지 못한 수증기는
안개로 변신, 가평비행장에 내려앉는다

마을이 잠든 사이
소리 없이 벌판을 가로질러
쭉 뻗은 아스팔트길을 따라
비행장을 뒤덮는다

새벽이 오고
보납봉 동편에 아침 해가 떠올라도
가평비행장을 점령한 짙은 안개는
한 발짝도 물러서지 않는다

# 달걀귀신

현숙이네 뒷간 옆
뽀송뽀송한 양달에
암탉이 둥지를 틀고 있었다

그 따뜻한 양달에는
언제 나타날지 모르는
무서운 달걀귀신이 살고 있어
아이들은 감히 그곳에 못 갔다

담이 큰 현숙이 아버지는
귀신이 무섭지도 않은지
그곳에 종종 나타나서
암탉 주위를 맴돌았다

암탉이 홰를 치고 여기저기 꼬꼬댁거리면
달걀귀신은 어딜 갔는지
나타나지 않고

겁 없는 현숙이 아버지는
따끈한 달걀을 웃으면서 주워 갔다

유 근

1950생, 고려대학교 행정학과 졸업. 《다시올문학》 등단. 가평등기소장, 성남지원 사무국장 역임. 현 법무사. yukuok@naver.com

## 거울 속의 봄 외 2편

박 순 정

거울에 비친 겨울은
바람이 유리문 틈을 넘보는
침실에서
봄날을 꿈꾸기에 바쁘다
꿈은 철쭉꽃 무리지어 핀 언덕
햇빛은 꽃가루 흩날리듯 비추고,
나의 그림자 위로
오후의 꽃잎은 굴러간다
지나는 바람에도
흔들리는 그늘로 서 있는
내 발자국은
흑백사진 위를 걸어본다
꽃향기 먼 들판으로 몰려가고
봄의 따스함은
옷깃을 넘보는데,
거울에 비친 겨울은 눈송이 꽃송이 뒤섞여
흩뿌리는
저녁놀 짙은 아스팔트

## 차창에 떠오르는 얼굴

산자락의 긴 그림자를 끌고
어느 도시에 들어선다
동네 슈퍼 내음 풍기는 길거리를,
종소리 비릿한 건널목을 지나고
찌개가 끓고
저녁식사가 차려지는
철로변을 지난다
낯선 풍경이 이방인의 모습으로
차창에 기댄다
어두운 숲을 지나고
경적소리가 터널에 들어선다
잊혀지지 않는 얼굴이 떠오른다
터널을 나와 어둠이 깃든 차창에
강변이 지나가고,
거울처럼 얼굴이 비치고,
알 수 없는 감촉의 손이 따듯하다
긴 이야기가 눈 위의 발자국으로 남는다
종착역, 별이 보이는 광장에
산능선의 자국이 어슴푸레 서 있고
정류장으로 나오는 길에
눈 덮인 낙엽이 수북하다

해장국 집을 나서는 발길에
도심의 야경이 이국의 정취로 흔들린다
야간열차는 옆자리가 썰렁하다
밤이 관객 없는 영화처럼 지나가고
차창에 떠오르는 얼굴이 지워지지 않는다
터널을 더듬는 어둠이 소리를 내고
햇살의 긴 꼬리가 창을 두드린다
종착역이 짐을 챙긴다

# 감나무

나뭇가지 성긴 그림자 사이로
가을 햇살이 내리는 오후에
하늘에서 파란 바람이 몰려와
우듬지 홍시를 휘감고 지나가면
감씨 속의 나무는 꿈을 꾼다

씨앗의 수레바퀴에서 튕긴 한 조각에
차가운 비가 고이는 날
새들은 감잎 사이에서 작은 부리로
사슴의 뿔 같은 노래를 하고
어린 시절 그림자를 흔든다

내일을 잉태한 작은 감나무는
멀리 기차소리에 흔들리는 가슴에서 싹이 돋고
오색 물감이 옛집 담장 넘어 흘러나와
빌딩의 유리창에 스며들 때 감꽃이 핀다
도시 하늘의 뜬구름 속에서 파란 감이 열리고
아내의 머리카락에 배꽃이 피어날 쯤
홍조 띤 열매가 거울 속에 비친다

별이 무리지어 떨어진다
옷깃에 마른 잎이 부딪히고
발걸음이 달빛을 밟으면
감잎이 바스락 부서진다

**박 순 정**

국민대 행정학과 졸업. 백석보건복지대학원 사회복지학과 재학. 2012년 《다시올문학》 등단. (사) 한국문인협회 부천지부 회원. 어린이집 운영

uroboros65@hanmail.net

# 시는 소리다 외 2편

김 석 신

목구멍 타고 막걸리 넘는 소리
시인은 갓김치 줄기 씹는
아삭거리는 그 소리에서 생명을 느낀다

그냥 느끼는 게 아니라 베토벤보다 위대한 환희로 느낀다
그냥 환희가 아니라 저 우주에서 온 기쁜 소식으로 느낀다

그냥 우주에서 온 기쁜 소식이 아니라
구식 맞춤법에 삐뚜름히 쓴
내 어머니의 정겨운 편지로 느낀다

그냥 내 어머니의 정겨운 편지가 아니라
어머니 어둔 귀에 착한 며느리 읽어주는
군대 간 손주의 편지

색종이 카네이션 달아주던 손주
다 컸다고 개발쇠발 쓴
그래도 군대라 온 마음으로 쓴
그 편지에서 생명을 느낀다

그래서 막걸리가
갓김치 줄기가
모든 소리가 다 시가 된다

시는 아름다울 수밖에 없다

그래서 시는 소리다

## 소망

넓적한 플라타너스 잎 떨어지면
왠지 서글프다
내 욕심 뚜우우욱 떨어지듯 애달프다

한여름의 나
잎새 하나 한껏 키우려 애썼지만
옆의 잎 더 애쓰더라
그 옆의 잎, 또 그 옆의 잎도

한여름 때 되면 가버리고
헛기침도 없이 서늘해진 늦은 가을날
플라타너스 잎 맥없이 길가에 구른다

하릴없이 보는 하늘
핏대 세운 목 잔뜩 힘주고
쓸데없이 붙어있는 플라타너스 잎
겨울 오면 다 떨어지고 말 걸 모르는 척
안간힘 바둥바둥 매달려 있다

혹여...
새봄에 다시 살 수 있다면
솔잎이 되고 싶다
가느다란 솔잎이고 싶다.

# 너무 보고 싶다

그리워하기 없기다
생각만 하기다
생각 끝에 그리워지면
생각도 말기다

야뽁강
이미 건넌 강
되돌아 건널 수 없는 강

그리워하기 없기다
이름 끄적거리기도 없기다
얼굴 낙서는 더욱 없기다
안 그리운 척 노래 부르기도 없기다

생각도 말기다
강변만 걷기다
그리워하기 없기다
그냥 강변만 걷기다

야뽁강
강변만 걷기다

**김 석 신**

호-淡谷. 휘문고등학교, 서울대학교 식품공학과 졸업. 미국 오하이오주립대학교 대학원 식품공학 박사. 《다시올문학》 등단. 현)가톨릭대학교 식품영양학과 교수. kimsukshin@hanmail.net

# 가을, 같은 날 외 2편

정 지 용

같은 날
부러진 팔뚝 추스르며
떠나는 팔을 보았다.

계시啓示처럼 회유回遊하는
친숙한 몸을 보았다.

타는 가을 인데
목마름으로 비껴가던 세월아.

꿈은 꿈이 아니라 그냥 꿈이었다.
인생도 인생이 아니라 그냥 인생이었다.

나는 너에게 너는 나에게 얼마만큼의
거짓을 용납했느냐고
가을은 탄다. 거짓말처럼 가을은 타고

이제 우리는 빈 들판에 바람소리를 듣는다.
오는 것 보다 가는 것이 많은 자리

빈손치고 서성이는
친숙한 그림자들을 보았다.

## 조춘早春

들어 봐, 속살거리는 소리
가만히 등성이를 넘으며
땅 속 깊은 은밀함 같은 그 것

겨우내 마른 가지를 흔들고
하늘을 손짓하고 가슴을 지나
개울물 소리로, 새소리로 묻어나는

꿈을 꾸나 보다.
귀 기우려 돌아가는
찬란한
어린 날의 꿈.

내 동무한 어깨위로 일구이는
세월歲月의 산야山野
지나가고 오는 것, 드러나고 숨는 것

아이들아, 너희
비밀한 팔뚝 위로 움터오는
햇살 담는 소리

들
　　어
　　　봐…

# 텃밭을 갈며

기대하는 것이 있어 좋다. 이즈음엔
발끝에 묻어나는 한기寒氣를
흙에 묻으며

희망을 캐듯

밭을 간다.

세상만사世上萬事, 온갖 사연을 갈아엎으며
고마운 기대로 자리하는
정밀靜謐.

텃밭을 갈며.

**정 지 용**

서울 출생. 경기중 · 고등학교, 성균관대학교 국어국문학과 졸업. 홍익대학교 사범대학 부속중 · 고 재직. 《다시올 문학》 등단. 시집 『계절의 초상』
susanin@nate.com

# 神秘의 조약돌 외 2편

추 다 영

파도에 터지고 물거품의 위로慰勞 받으며
평생 휘감는 물결 받아 걸고 둥글게도 살았구나

때를 찾아 들어서 때를 빌어 물러서고
흐름 속에 자유를 맡겨 천년의 신비를 빌고 빌어
조약으로 굴러 왔구나

조약이 곱다해 보는 눈 의심해도
긴 세월 모진 풍파 오고 감을 알음에야
뉘라서 천공天功의 조화를 옥석과 견줄까

하여 거부도 않더니만 피하지도 않는구나.
이 우주宇宙에 너 있으니
너 또한 우주인 걸.

# 이카루소가 되어

땅의 조형물 까맣게 숯덩이 된 밤 사막의 검정 하늘에 헤엄치며 기어이 이뤄 낼 수 없는 꿈 절망 하는 날개 위해 기도했다

광폭의 빛이 아가리를 벌리는 열화熱火의 땅에서 몸부림치는 몸뚱어리는 세 가닥 남은 깃털에 주문을 외우는 생명의 몸부림

등짝에 흐른 진땀으로 밤의 장막이 헛것임을 알았을 때 마침내 미명未明을 깨는 아침 이었다

# 역린逆鱗

용龍의 가슴 비늘 거꾸로 핀 결
그걸 건드리는 날 끝내 불세례 토하게 한다

궁지에 몰린 새앙쥐
죽음 앞에 고양이를 덮치고 끝내 운명을 접는다

방패 없는 자 앞에 비겁한 칼 날
끝내 자신의 파멸을 부르고

장미의 가시는 생명의 방패
그 아름다움을 꺾으려거든 피부터 흘려야 한다

세상의 모든 존재에는 범해서는 안 될
모호한 경계가 반드시 있는 것이다

**추다영**
계간 《다시올문학》 수필 등단. poeticdy@hanmail.net

# 계란의 반란 외 2편

유 희 봉

시골 오일장에 내다 팔아 가족의 필수품 사오곤 했던 계란, 닭장 안 암탉 소리 울면 할무이 어김없이 꺼내 오라는 닭의 알, 다시 씨암탉이 돼 낳은 닭의 알, 장바구니 속 꼭 하나만 바늘구멍 내 흰 살 약간 양심적으로 빨다 가슴 두근두근 노른자 출렁출렁하니, 조심스럽게 쭉-쭈우욱 힘겹게 흡입한 닭의 알.

타원형의 지구 두꺼운 지표를 뚫고 유황불 솟구칠 때마다, 그 닭의 알을 생각한다 노른자가 나온 후 극히 빈약한 껍질 속 생명의 혼 공전과 자전을 할 때 계란의 각도를 생각한다 하얀 표면 번지던 유황불의 두려움처럼 노오란 병아리 목 내밀 때마다 심장이 뛰는 지구의 박동음

오! 일 점 일획도 가감이 없다는 성경 구절" 다음에는 꼭 불로써 심판이 있으리라" 바다 건너 고베에는 수천의 생명 불의 반란 때문에 큰 난리가 일어났다  아! 오늘밤 마음의 고배苦杯라도 들어야 할까 한 줄 한 알의 생명이 자동차처럼 흔들리다 깨져 버린 무정란의 달걀 더미.

내 고향 온천을 파낼 때, 어린 시절 바늘구멍으로 퍼내던 달걀을 생각한다 빗나간 계란의 각도를 느껴 본다 우주선에서도 보인다는 만리장성 민초들의 한숨 속에, 지구의 무게 축이 흔들려 흘러나온 노른자 계란의 반란을 생각한다 나는.

# 녹슨 안경을 닦으며

아침 일어나
무심코 내 안경을 눈여겨 보았더니
반짝이는 도금 사이 사이
파랗게 녹이 슬어 있다.

안경은 나의 분신
따스한 피가 흐르고 있는
눈보라 속을 거닐다 돌아오면
뿌옇게 흐리어져버리는 유리.

세월 속에서
계절이 오면 꽃이 피듯
녹이 슬어버린 안경테
이젠 닦는데도 힘이 겹구나.

그만 닦을까 봐.
다시는 닦는 일 그만 둘까봐
차라리 흐린 그대로
녹슨 그대로 끼고 휘파람이나 불까봐.

# 별꽃

숲의 향기는 나무의 아픔이며
별의 태어남은 우주의 산고다
불빛과 공해 속에 살아가던 겨울밤
산정에서 천문학자인 윤홍식 박사가
시인은 천체를 알아야 한다며
천체망원경의 밤하늘은 꽃밭이다

그 속에는 친구의 영혼도 있는
하늘의 먼별이 가깝게 느껴졌지만
아즈텍문명과 잉카문명을 붕괴시킨
천연두를 앓던 내 친구 마마 자국을
평화로운 달에서 또 보게 되었다.

열과 두통이 나며 발진이 생겨서
얼굴이 얽게 되는 천연두 바이러스
그 싸움에서 승리한 현대의학의 성취
인체의 면역 반응을 자극하는 백신
변종 바이러스 등장을 예상하는 사스

감염되면 눈물의 애원도 속수무책
치료법을 모르는 괴질의 예방은
백신만이 대비책이라고 울지 말라
저 태양이 백색 거성이 되기 전
별도 우리처럼 사계절이 있다

천문도의 그림을 완성한 천주님은
우주를 안다는 똑똑한 과학자에게는
모든 것을 감추고 새로운 별의 탄생
50 억 년 쯤 꽃처럼 새로 태어날
어린 별꽃에게 알려 준다고 말했다

**유 희 봉**

전북 고창 출생. 1993년 현대시(시) 계간 문예한국(수필) 등단. 경영학박사. 시집- 여명의 내일, 언어의 꽃 외 4권. 산문집-행복한샘물, 시창작집-시를 써야 미래를 쓴다 출간. 현 호서대학 평생교육원 외래교수

ssammull@naver.com

# 세월의 집 외 2편

조 영 환

어두웠고 문이 하나 있었다
집은 없었다
집이 아니어서 문은 없었다
없는 문틈으로 흰 망아지가 지나가고 있었다*

참 오래된 현재이다
여자가 흰 망아지에 대해 말한다
언제나 과거인 여자는
바닥에 떨어진 머리카락처럼 말한다
목소리가 연기에 그을려 있다

자작나무의 흰 몸을 보고 싶어서
원대리에 간다 자작나무는 몸이 없고
흰 망아지가 정면으로 나를 본다
여자처럼, 원대리 자작나무 숲에
몸이 없는 흰 망아지가 있다

그저 여자가 있다
언제나 과거인 여자는 그저 있다
여자는 몸이 없고 자작나무만 있다
화촉樺燭인 여자가 있다
몸이 없는 그 집에 들어간다
화촉의 빛 속으로 흘러갔으나
언제나 현재인 여자에게로
흰 망아지 속으로 들어간다

* 흰 망아지 : 인생여백구과극(人生如白駒過隙). 장자의 지북유(知北遊)에서 차용함. 문틈으로 흰 말이 지나가는 순간을 언뜻 보는 것처럼 인생이 덧없이 빠르게 흘러감 뜻함.

# 聖 복실

말[言]을 파는 일로 늙은 그의 집에는
꽃 피는 열여섯 복실이가 산다
인간의 나이로는 미수米壽*가 되어
이빨은 빠져나가고 귀도 먹었다
이름이나 쾌락을 얻으려
혹은 가족의 밥을 벌기 위해
허언을 일삼지 않았던
그는 이제 인간의 밥상을 넘보거나
밥을 구걸하지도 않는다
거처는 산들바람이 부는 암자가 아니지만
배가 고프면 탁발승처럼
쓰레기통 곁에 쭈그렸던 몸을 일으켜
새장 속의 새나 화분 속의 화초가
한 줌의 물이나 햇빛을 시주 받듯이
인간이 먹다 남긴 식은 밥 한 덩어리를
주린 뱃속에 달게 담는다
정신을 가리기에 너무 헐렁해진
가죽을 납의衲衣처럼 두르고
복실이가 깊고 침침해진 눈으로
이따금 그의 눈을 들여다 볼 때
나는 인간만이 갈 수 있다는 천국을 부정한다
아니, 인간만이 간다는 천국을 긍정한다

* 미수(米壽) : 88세를 이름.

## 정화수井華水

꽃 피는 물이 정화수뿐이랴
첫새벽 이슬이 내린 공원에서
치매가 오신 장모님 물 길어 오신다
쭈그렁 배낭에 꿀렁거리는
페트병 가득 담아 지고
그믐처럼 제주도 성산포 돌담길 걸어오신다
잉걸불 같은 남편과 두 아들을 바다에 여의고
죄도 없이 부끄러워 바다 속으로
자맥질하던 파랑波浪의 세월
그미는 유채꽃 같은 딸내미 하나 데리고
물속에서 늙었다 세월은
그미의 몸에도 무수히 파랑을 이루었으나
한 동이의 생을 지고
한 방울의 물도 흘리지 않은 채
구도자처럼 걸어
그미는 드디어 적멸의 이어도에 들었거니
꽃 피는 물이 정화수뿐이랴
물미역 같은 바람을 입고
자궁에서는 첫 해조음이 피는
그미가 새벽마다 심연에서 길어 올린
정화수로 나는 목을 축인다

**조 영 환**

동국대학교 국문학과 졸업. 2009《다시올문학》등단. 다시올문학편집위원

jyh724@hanmail.net

## 세옹지마塞翁之馬 외 2편

박 동 남

아내를 휘어잡을 속셈으로
허리띠를 붙잡아 거머쥐고 당기다
벽에 머리를 부딪친 날 부터 내 중심을 세웠습니다.

장사 밑천을 마련하려던 계를
계주가 꿀꺽 삼키고 도망
빚을 좀 졌기로
이번엔 시동생이 논밭뙈기 몇 마지기를 노리고
문중 어른들을 벌떼처럼 몰고 와 뭇 매질에
매달리며 울부짖는 아이들 울음소리가
까무룩한 어둠의 기억 속으로 사라졌습니다.

무조건 서울행완행 열차를 탔지요.
방 한 칸이 절실했고 끼니조차 잇지 못해
막둥이를 거적에 둘둘 말아 가슴에 묻고
한동안 죄의 법을 따라 다니느라 그 굴레를
벗어나지 못했습니다.

별별 일을 거쳐 제과공장을 차리고
밤새 나는 돈을 세고 아이들은 책장을 넘기며
힘들어도 힘든 줄 모르고 살았습니다

세월은 성실하게 흘러 흘러가고
시아버지 사망 소식이 귀향을 재촉했습니다.
유명인사들 차량이 줄지어 밀려와 동네가 발칵 뒤집혔습니다.
판사 딸에 검사 아들 앞세우고 온 것을 알게 된 문중 사람들
나를 바라보는 저 얼굴빛이란

## 아버지의 나무

비바람이 몰아쳐도 흔들리지 않는 큰 나무에게
사랑을 배우고 살았습니다

어둠속에서 긍정의 발을 뻗어 내렸기에
푸름을 누리고 살았습니다

자신은 뜨거워도 그늘을 내어주고
바람의 속도를 재고 구름의 무게를 달아 본 후에
맨몸으로 추위와 맞서기도 했습니다
일본으로 징용 갔다 살아 온 당신은
탄광촌으로 채석장으로 전전긍긍 하다가
병을 얻고 앉아서 자던 까막눈이 나무지만
새들의 노래 소리에 낙을 삼았습니다

한 맺힌 生을 어우렁더우렁 풀다 보니
어느새 묵은 나무라고 일터에서 잘리고
상처가 깊어 진액이 흘러도 일만하면 즐거운 행복 나무
얼마나 아팠으면 부엌 문지방을 베고
저 높은 곳으로 떠나셨을까

이 세상에 나를 심어 놓고 가신 당신

새들도 둥지를 잃고 허공을 돌다 가는데
당신의 자리인 빈 나이테에 앉아 봅니다

# 둥글다는 것

열매가 둥글고 무술에도 회전 낙법이 있듯이
떨어질 때 지면에 닿는 면이 둥글어야 공도 굴러간다

모난 돌이 정을 맞는다고 한다
깊은 계곡의 돌들은 거칠고 날카로워 손을 베지만
긴 세월 씻김을 당하고 물난리 날 때마다
돌의 뼈가 부서지고 깨지고 상처입고
구르고 굴러 바다에 이르러 조약돌이 된다

세상의 둥근 것들은 아름답다
나를 둥글게 다듬는 연습은 둥근 마음으로
모나지 않게 살게 한다.

때로는 ㅇ점 처리 된다고 낙심 할일 아니다
어차피 우리는 ㅇ이었으니까

**박 동 남**

2008년 《다시올 문학》 등단. 공저시집 『오월에 내린 눈』 『칸나가 붉게 피는 이유』. 저서 『한국인의 명시 선집』 『불곡산의 미소』.
dongnam52@naver.com

# 자연책 외 2편

**이 사 랑**

농사철 물꼬 관리하듯 말의 수위조절을 하시는 아버지 사랑은 넘치거나 마르지 않았고 책 속의 글씨처럼 수평을 이룬 모들은 자식들인 양 고만고만 잘 자랐다

웃자라서 쓰러질까 목마를까 하루에도 열두 번도 더 벼들에게 안부를 묻고 오시는 아버지 점자가 가득한 땅을 자근자근 발로 짚어가며 읽는 밤이면 울음 주머니를 한껏 부풀려 울던 개구리들이 입을 다물고 달을 감춘 구름은 살며시 별을 내놓았다

오빠들이 들쥐처럼 논둑에 구멍을 내고 다닐 때 나는 자귀나무 그늘을 읽으며 꿈을 꾸었고 땡볕 아래 어머니 생강밭을 호미로 정독精讀하고 계시면 아버지는 자박자박 논두렁을 발로 읽으며 이 책 속에 양식이 들어있다 노상 말씀하셨는데 생각해 보면 논밭의 피와 잡초로 쓰여진 나는 부모님이 해독하지 못할 글자에 불과했을 것이다

지금은 추수 끝난 빈 들녘 손바닥만 한 다랭이 천수답 몇 권 내 평생 두고두고 읽어도 못다 읽을 책, 철새들이 떼로 날아와 읽고 있다

# 밀려난 지게

해와 달과 밥을 지고 일어설 때
저어, 지게 작대기가
무게의 중심을 잡아주었다

세상을 짊어지고 싸드락싸드락
외다리 건너 팔십 고개를 넘어온 지게가
짐을 부려놓고,

빈 지게가 작대기도 없이
또 어디로 가는지
늦가을 석양을 지고 우무재를 넘어갔다

바퀴에 밀려난 저 지게

그래도 한때는,
산나리 싸리꽃 피어 제비나비도 따라왔다며
지금도 내 곳간에 걸려 있다

세상살이가 그런 게지 지게처럼

# 편지

사람보다 나무가 많은 이곳 상록수는
우편배달부가 바쁜 곳입니다

세 계절 동안 지천의 들꽃편지를 받았으므로
나는 당신의 편지를 기다리지 않습니다

입동 무렵, 늦게 배달된 여뀌와 산국의 편지를 읽었고
지금은 바람이 배달해주는 수천 통의 편지를 읽는 중입니다
올겨울 하늘에서 눈꽃편지가 오면 맨 먼저
답장을 쓸 것입니다

삼년 전에 텔레비전과 인연을 끊고 난 뒤
매일 받아 읽던 조간신문을 끊었습니다
끊고 난 뒤 이상하게도 편지가 자주 옵니다
이른 아침 감나무에 휘파람새가 우는 날이면
영락없이 우리 집에 우체부가 다녀갑니다

하지만 어쩐다지요?
요즘 우편배달부의 가방에는
세금 고지서나 소송장이 대부분이라는데

**이 사 랑**

2008년《다시올文學》등단. 2009년 제 11회 수주문학상 대상 수상.
poem2112@naver.com

# 환생 외 2편

나 유 성

네 개의 짧은 다리로
물속에 가라앉으면
돌출된 눈과
아름다운 소리도 듣지 못할 것 같은 슬픈 귀
입 맞추고 싶지 않은 서러운 주둥아리가
화목으로도 못 쓸 것 같은 너덜해진 부목浮木같다
물살에 시달려 딱딱해진 등껍질은
옹졸한 장수의 갑옷처럼 비겁해 보인다
그러나 보아라
저 우아한 숙녀의 달빛 같은 손에 매달린
지갑이나 가방은 엘리게이터나 크로커다일의
빛나는 후생
평생 닦아보지 못한 누런  어금니도
아프리카 원시부족의 목에 걸려 있다

악어를 조심하라!
간통은 달콤하나
사지가 찢기는 형벌은 무참하리라

# 조개구이집 풍경

이것 봐
조개라고 다 같을 거라는 생각을 하면 다쳐
싱싱하고 맛있는 조개는
몸이 뜨거워진다고
아무데서나 겉옷 훌렁 벗어던지지 않아
힘센 놈 앞이라고 해서
벌벌 떨며 속살 다 내어주지 않아
스스로 달아올라
부끄럽게 제 몸을 열 때
생채기 없는 속살 맛있게 먹을 수 있어
술에 섞인 걸죽한 잡담에
반쯤  벌어진 담치*를 닮았다 해도
발그족족히 달아오른 여주인의 미소는
저만큼 아침 해가
떠오르기 때문이야

* 담치-홍합과의 조개

# 무명가수

이름만 들어도 슬픔이 끓는 부대찌개처럼
누가 내 이름을 불러주면 왈칵 뜨거운 눈물 흘릴 것 같다
무릎을 꿇고
몸을 낮추어 시선을 모으면
언젠가 한두 번은 본 듯한 작은 들꽃이
나무 그늘 아래에서 환하게 웃고 있는데
하루 종일 고개 숙이고 웃음 지어도
내 이름 물어보는 사람 없다

무대 위에서 지긋이 눈길 보내며
박수와 환호에 장단 맞추고 싶었던 가수의 꿈은
승천하지 못한 용처럼 가슴 속에서만 꿈틀거려
달거리하듯 신명 토하지 않으면 못 살겠다

이름이 없어 무명은 아니지
잊혀지다가 막막하게 망각의 늪으로 빠져 들어가는
호명되지 않은 슬픔이 무명이지

슬퍼서 늙어버린 사람들
병들어서 외로운 사람들
그 작은 꽃들 사이에 부는 바람처럼
나는 노래 부른다
부대찌개처럼 얼큰하게 보글보글 끓는다

보름달처럼 부풀어 오르며 환해지는
무명의 꽃밭 속에서
가끔은 길을 잃는다

* 서울 여의도에서 부대찌개 가게를 운영하는 50대 중반의 남성 무명가수(김상식)로 한 달에 한 번씩 자신의 가게에서 100여 분의 불우이웃 노인을 초빙하여 무료로 음식과 공연을 제공하는 일을 10년 이상 하고 있음

**나 유 성**

1962년 경남 진해 출생. 경희대학교 언론정보대학원 수료. 대중음악 작사, 작곡가. 경희대학교 사회교육원 교수. 사)시를 노래하는 사람들 회장.
norae999@hanmail.net

## 오늘은 雪原 외 2편

우 옥 자

밤새 눈 내린 정초 새벽
천지간에 백지 한 장 덮였다

재개발 바람이 거세던 달동네
몇 푼 이주비를 받아 서둘러 떠난 빈집들
조합장과 우격다짐 실랑이를 벌이는 최씨
백지화를 주장하는 집주인 이씨
악몽을 꾸며 카센터에서 새우잠을 자는 정씨도
모두 하얗게 지워졌다

빈집이 늘어갈 적마다
노안老眼처럼 어두워지는 골목길
유통기간이 임박한 동네 어귀 구멍가게도
떠난 사람들이 남긴 빈자리와
떠날 수 없는 사람들의 질긴 애착도
모두 백지장 밑에 잠들었다

거짓말처럼
온 세상 눈꽃 핀 줄 모르고
아랫목에 부챗살처럼 고단한 발 모은 채
목화 솜이불 덮고 모처럼 단꿈 꾸고 있는지

굴뚝에서 흰 연기 모락모락 피어오르고
평생 새벽잠 없는 슈퍼 김씨
오늘도 골목길을 쓸고 있다

## 골무꽃

그리운 노동의 기억이 있다
온 마음이 손끝에서 피어나는 꽃
목화솜 속살에 한 땀 한 땀 징검다리를 놓고
골무 낀 검지가 홑청 귀를 곱게 여민다

붉은 공단 이부자리
온갖 나비들이 흐드러진
사각사각 스치는 아릿한 감촉 어디쯤
첫날밤 꽃잎이 떨어진 흔적이 있다

다듬이질소리, 초가을 햇살이 매만지던
윤기 흐르던 옥양목 홑청
차마 버리지 못한 빛바랜 압화壓花
장롱 깊숙이 화석化石 되어 누워있다

그리 쉽게 피고 지는가

노루발이 잰 걸음으로 세상을 박음질한다
드럼세탁기가 돌리고 짜고 건조시킨다
이불솜에 포플린 홑청을 갈아 끼우며
선반 위 반짇고리
우두커니 골무꽃을 추억한다

# 맹장을 잃다

구불구불 산허리를 돌아가던 옹성
굽어져 후미진 곳
모의謀議가 자라고 있었지만, 눈치 채지 못했다
폭음을 하고 쓰러져 잠든 새벽
복병과 내통한 망루에 불길이 치솟고
그만, 배수진이 뚫렸다
빵빵하게 가스를 넣고, 복강경이 투입된다
수탉의 모래주머니를 닮은
서걱거리는 야성의 동굴을 수색한다
반란의 배후는 모래폭풍
기억 저편의 퇴화된 원시성
저항하던 맹장猛將을 제압하고 역모는 끝이 났다

맹장을 잃어버린 대장이 마취에서 깨어났다
뱃속이 헛헛하다
삶은 그저 터진 옆구리를 꿰맸을 뿐인데

**우옥자**
2008년 〈다시올文學〉 신인상. 글샘문학회 동인. 동인시집「오이지 단지」외.
현 사우고등학교 재직. wooropa@hanmail.net

## 경계境界 외 2편

김 경 식

수덕사修德寺
가는 길

난데없는 겨울
소나기라니,

일주문에 서서
비를 긋는다

산중엔 따로 울을
두르지 않느니

문 안의 비와 문 밖의
비가 다르지 않아

바람은 빗물 따라
산을 내려가고

어둔 귀 하나
문설주에 기대어

저녁 법고소리를
기다리고 있다

## 호모로퀜스

임금님 귀는 당나귀 귀
그러므로 임금은 당나귀거나
사람의 형상을 한 당나귀의 변종이었을 것이다

왕조의 명운이 걸린 일급 기밀이라 절대
발설하여서는 아니 되느니!
지엄하신 분부가 뒤따랐을 터,

목젖에 갇힌 말은 불덩이가 되고
두건장이는 대숲에 저의
마지막 목소리를 묻어버렸다

임금님 귀는 당나귀 귀,
바람이 세차게 불었다 해도
누설의 책임은 대나무에 있다

나는 날마다 쫓기는 꿈을 꾼다
큰 칼을 든 것이 사람인지 당나귀인지 또렷하지 않지만
파죽지세로 쓰러지는 대나무 숲

나는 가쁘게 산으로 달아나고
당나귀 귀 당나귀 귀
바람이 중얼중얼 뒤를 따르고

# 신경통에 대한 보고서

예진豫診은 TV의 몫이다
남해상에 머물던 장마전선
시시각각 빠르게 북진 중

교전은 이미 시작되었다
슬개골을 사이에 둔 팽팽한 신경전

아버지의 아버지 또 그 아버지
한 번도 이 땅을 떠난 적 없는데
남방의 피 어떻게 흘러들었을까

내 몸으로 유전하는
먼 바다 부족
그들의 가족력家族歷

병인病因을 알 수 없으므로
달리 뾰족한 처방은 없다

우두우두 등뼈 굽은 능선을 타고
어깨뼈를 점령한
기압골, 속수무책

패잔의 무리처럼
방바닥에 널브러진
생기 잃은 파스 몇 장

**김 경 식**

〈다시올文學〉(시), 〈스토리문학〉 수필 신인상. 수상집 「마음에 걸린 풍경 하나」, 동인시집 「바람의 화법」 외. sj574@naver.com

# 섬 외 2편

정 미 경

뉴스가 이삼 일 후 태풍을 예보했다
온통 진회색빛
날이 흐리고
바다는 하늘과 붙어 버렸다

한 줄기 여명도 없는 청회색 고요의 섬

늙은 호박 갈칫국 아침 밥상을 물리고
섬사람들은 말없이 과수원을 둘러본다

하늘 뒷켠으로
해가 저 혼자 건너는 동안
사내들은 검은 바위 끝에서 낚싯대를 드리우고
해녀들은 테왁을 띄우고 바닷물에 몸을 담근다

종일 몸을 뒤척이던 바다는
사내와 아낙이 뭍으로 들고도 한참 지나
섬을 향해 푸르르 몸을 떨며 긴 숨을 내쉰다

해무가 몰려온다
스멀스멀 섬을 감싸고 점령하려는 듯
지붕도 나무도 고개를 숙이고 몸을 움츠린다

어스름 속에서
노인 서넛 두런두런 바다를 어루만지고 있다

# 영실靈室에서

한라산 기슭
오백 개의 영혼이 일렬로 기립한 산 중 실내
회한의 눈물 뚝 자르고 단단한 바위가 되었다
어머니를 노래하는 영혼의 방

우리 어멍
날 먹이젠*
죽을 쑤당**
죽어부런***

어릴 적 아궁이 앞에서 들었던 옛날이야기****
자식 여섯 낳아 양식 걱정 끊임없던
우리 어머니

어머니 살을 발라 동생들을 먹이는 꿈을 꾸고
회한의 눈물 흘리던 아침

눈물 닦아준 바람이
구중천을 휘돌아
영실 오백장군 노래를 실어
하늘로 솟아오른다

* 나를 먹이려고
** 죽을 쑤다가
*** 죽어버렸네
**** 가난한 설문대할망이 오백 명의 아들을 먹이려고 죽을 끓이던 중 죽을 젓 다가 죽에 빠져 죽었다. 집에 돌아온 아들들이 그 사실을 모르고 죽을 먹 었는데 어머니의 뼈를 발견하고 슬퍼하다가 돌이 되었다. 그 바위가 한라 산 영실에 있는 오백정군이라는 얘기가 있다.

# 푸른 눈

내가 사는 마을을 지나는 길
열 살쯤 그 길 따라 걸어가 본 적이 있다 외할아버지네 골목을 지나 곱추네 가게를 끝으로 인가는 끊어졌다
그리고 돌연 호젓한 들길

검은 돌담이 푸른 밭을 감싸 안고 있다 날랜 바람은 도깨비불처럼 돌담 구멍을 넘나들었다 귀 밝은 돌담은 오름 넘는 해의 소리를 발라내다 말고 푸른 눈으로 나를 살폈다

설문대할망 치맛자락 감기던 바람인가 콩잎 비린내와 어머니 머릿수건 내가 훅 끼쳤다
서둘러 돌아오던 어린 저녁, 검은 돌담은 내 등을 잡아당기며 꼽추네 불빛까지 따라왔다 그리고 마당에선 머릿수건이 풀어지고 어머니의 지친 하루도 천천히 흘러내렸다

저물녘 해거름의 기억엔
아직도,
콩잎 비린내가 묻어있다

**정 미 경**

2010년 〈다시올文學〉 신인상. 글샘문학회 동인. 동인시집「휘돌다 구부러진」외. yjmky@hanmail.net

# 수석壽石 외 2편
## – 폭포석(瀑布石)

이 인 수

한여름 대청마루
모시적삼에 합죽선 들고 앉아
금모래 깔린 문갑 수반 위
폭포석을 바라본다

졸리운 듯 눈감고 귀 기울이면
바람결에 들리는 물 흐르는 소리
마음 주면 점점 그 소리 속에 잠겨 든다

제주도로 날아가 천지연폭포
물 미끄럼 타고 바닷물로 들면
무태장어들과 노닐던 바람 타고
백두산 비룡폭포에 가서
두메양귀비꽃 예쁘다 희롱하며
호랑이 포효 소리 귀 기울이다
지리산 불일폭포로 내려와
물소리 너머 전라명창의 득음
피 토하며 트인 소리까지 듣고 나면
한여름 더위 슬그머니 마실간다

수석에 물 뿌리고 옆에 앉아
합죽선 부치노라면 물방울 튀어
폭포석 오르는 무지개꽃

# 빈집에 걸린 깨진 거울

재개발 지역 부서진 집 회색 벽에 걸린
금이 많이 간 거울 속
하늘을 반으로 나눈 판넬이 가로질러 있다
지난날과 미래를 단절하는 시간의 멈춤선
거울 속으로 보이는 하늘
새로운 내일의 우려를 말끔히 씻어 주듯
파란 하늘은 참 맑기도 하다
구름도 여유롭다

선 아래로 깨어진 조각들은 이 집의 지난 날
거울 밑에는 때가 많이 묻은 채
걸려 있는 커다란 빗 하나
깨진 거울은 과거를 잃어버린 괘종시계라면
파란색 빗은 멈추어 버린 시계추다
톡 치면 지난날과 내일 사이를
왔다 갔다 할 것 같다

맑은 하늘 깨끗한 구름 위에
새 빗이 걸리는 날
괘종시계는 새로워질 것이고
시계추는 멈추지 않을 것이다

## 노숙자

햇빛 내리는 긴 의자에 앉아 수치심을 안주 삼아 강소주 마시고
담배꽁초 맛을 음미하듯 깊이 한 모금 들이키면 나오는 건 잔기침 속에 섞인 후회, 지금에 와서 어깨를 누르는 무거움을 피곤이라 말하면 사치이리라

일어나 가야 하는데 아직도 못다 한 미련이 남았음인가, 가고 싶은 곳은 많은데 갈 곳이 없다 한발 한발 의미도 없이 걷다 보면 눈앞에 다가오는 썰렁한 동굴

헌 박스 위에 새우잠 쪼그리면 길었던 하루가 구부러진다

홑이불로 덮은 신문지에 인쇄된 구인 광고 한 구절을 찾아 머릿속에 새김 한다면 오늘밤 꿈엔 고향의 가족이 웃고 있는 모습이 보일 수 있으련만, 불투명한 시선들만 흘러 다닌다

**이 인 수**
충남 부여 출생, 계간 《다시올문학》 신인상 당선, 동안문학회 회원
okings@hanmail.net

다시올작가회 · 전망

# 밥하는 소리


초판인쇄 2012년 11월 25일
초판발행 2012년 11월 30일

지은이 | 김경식 외
발행인 | 김영은
디자인 | 박지혜

펴낸곳 | 다시올
출판등록 | 제 310-2007-00028


우편 | 139-050
주소 | 서울 노원구 월계동 382-55(중앙빌 2동 1호)
전화 | 070-7431-5941
팩스 | 031-855-5941
메일 | maxim3515@naver.com



ISBN 978-89-94414-32-4 03810

정가 9,000원



* 이 책은 부천시 문화예술발전기금을 지원받아 제작되었습니다.